koulu - სკოლა 2
matka - მოგზაურობა 5
kuljetus - ტრანსპორტი 8
kaupunki - ქალაქი 10
maisema - ლანდშაფტი 14
ravintola - რესტორანი 17
supermarketti - სუპერმარკეტი 20
juomat - დასალევი 22
ruoka - საჭმელი 23
maatila - ფერმა 27
talo - სახლი 31
olohuone - მისაღები ოთახი 33
keittiö - სამზარეულო 35
kylpyhuone - აბაზანა 38
lastenhuone - საბავშვო ოთახი 42
vaatteet - ტანსაცმელი 44
toimisto - ოფისი 49
talous - ეკონომიკა 51
ammatit - პროფესიები 53
työkalut - იარაღები 56
soittimet - მუსიკალური ინსტრუმენტები 57
eläintarha - ზოოპარკი 59
urheilu - სპორტი 62
aktiviteetit - მოქმედებები 63
perhe - ოჯახი 67
vartalo - სხეული 68
sairaala - საავადმყოფო 72
hätätilanne - გადაუდებელი შემთხვევა 76
maa - დედამიწა 77
kello - საათი 79
viikko - კვირა 80
vuosi - წელი 81
muodot - ფორმები 83
värit - ფერები 84
vastakohdat - საპირისპიროები 85
numerot - რიცხვები 88
kielet - ენები 90
kuka / mitä / miten - ვინ / რა / როგორ 91
missä - სად 92

Impressum
Verlag: BABADADA GmbH, Nedderfeld 112 , 22529 Hamburg
Geschäftsführer / Verlagsleitung: Harald Hof
Druck: Books on Demand GmbH, In de Tarpen 42, 22848 Norderstedt

Imprint
Publisher: BABADADA GmbH, Nedderfeld 112 , 22529 Hamburg, Germany
Managing Director / Publishing direction: Harald Hof
Print: Books on Demand GmbH, In de Tarpen 42, 22848 Norderstedt

1

koulu
სკოლა

luokkahuone
საკლასო ოთახი

jakaa
გაყოფა

186/2

taulu
დაფა

koulunpiha
სკოლის ეზო

opettaja
მასწავლებელი

paperi
ქაღალდი

kirjoittaa
წერა

kynä
კალამი

kirjoituspöytä
მაგიდა

viivoitin
სახაზავი

kirja
წიგნი

oppilas
მოსწავლე

reppu

ზურგჩანთა

penaali

პენალი

lyijykynä

ფანქარი

kynänteroitin

ფანქრების სათლელი

pyyhekumi

საშლელი

piirustuslehtiö

ნახატების ალბომი

piirustus

ნახატი

pensseli

ფუნჯი

vesivärit

საღებავის ყუთი

sakset

მაკრატელი

liima

წებო

harjoituskirja

სავარჯიშო რვეული

kotitehtävä

საშინაო დავალება

luku

ნომერი

lisätä

დამატება

vähentää

გამოკლება

kertoa

გამრავლება

laskea

გამოთვლა

A

kirjain

წერილი

aakkoset

ანბანი

sana

სიტყვა

teksti

ტექსტი

lukea

წაკითხვა

liitu

ცარცი

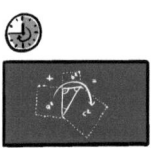

oppitunti

გაკვეთილი

opettajan muistikirja

რეგისტრაცია

koe

გამოცდა

todistus

სერტიფიკატი

koulupuku

სკოლის ფორმა

koulutus

განათლება

sanakirja

ენციკლოპედია

yliopisto

უნივერსიტეტი

mikroskooppi

მიკროსკოპი

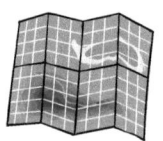

kartta

რუქა

roskakori

კალათა ნარჩენი ქაღალდებისათვის

matka
მოგზაურობა

hotelli
სასტუმრო
retkeilymaja
ჰოსტელი
rahanvaihto
ვალუტის გადაცვლის პუნქტი
matkalaukku
ჩემოდანი
auto
მანქანა

kieli

ენა

kyllä / ei

კი / არა

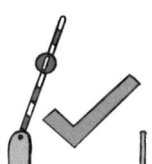

selvä

კარგი

hei

გამარჯობა

tulkki

მთარგმნელი

kiitos

გმადლობთ

Paljonko...maksaa?

რა ღირს... ?

en ymmärrä

ვერ გავიგე

ongelma

პრობლემა

Hyvää iltaa!

აღამო მშვიდობისა!

Hyvää huomenta!

დილა მშვიდობისა!

Hyvää yötä!

ღამე მშვიდობისა!

näkemiin

ნახვამდის

suunta

მიმართულება

matkatavarat

ბარგი

laukku

ჩანთა

reppu

ზურგჩანთა

vieras

სტუმარი

huone

ოთახი

makuupussi

საძილე ტომარა

teltta

კარავი

6 matka - მოგზაურობა

turisti-info

ტურისტული ინფორმაცია

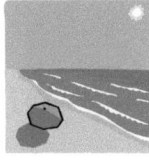

ranta

სანაპირო

luottokortti

საკრედიტო ბარათი

aamupala

საუზმე

lounas

ლანჩი

päivällinen

ვახშამი

matkalippu

ბილეთი

hissi

ლიფტი

postimerkki

საფოსტო მარკა

raja

საზღვარი

tulli

საბაჟო

suurlähetystö

საელჩო

viisumi

ვიზა

passi

პასპორტი

kuljetus
ტრანსპორტი

lentokone
თვითმფრინავი
laiva
გემი
paloauto
სახანძრო მანქანა
linja-auto
ავტობუსი
kuorma-auto
სატვირთო მანქანა
moottorivene
მოტორიზებული ნავი
auto
მანქანა
polkupyörä
ველოსიპედი

lautta
ბორანი

vene
ნავი

moottoripyörä
მოტოციკლი

poliisiauto
პოლიციის მანქანა

kilpa-auto
სარბოლო მანქანა

vuokra-auto
დაქირავებული მანქანა

car sharing
მანქანის ერთობლივი მოხმარება

hinausauto
საბუქსირე მანქანა

roska-auto
ნაგვის მანქანა

moottori
ძრავა

polttoaine
საწვავი

huoltoasema
ბენზინგასამართი სადგური

liikennemerkki
საგზაო ნიშანი

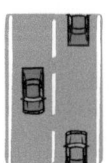

liikenne
მოძრაობა

ruuhka
საცობი

parkkipaikka
მანქანის სადგომი

rautatieasema
მატარებლის სადგური

raiteet
ლიანდაგები

juna
მატარებელი

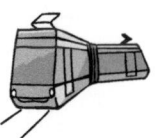

raitiovaunu
ტრამვაი

vaunu
ვაგონი

helikopteri

ვერტმფრენი

lentokenttä

აეროპორტი

lähilennonjohto

კოშკი

matkustaja

მგზავრი

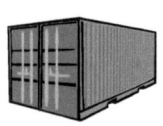

kontti

კონტეინერი

pahvilaatikko

მუყაოს ყუთი

kärryt

ურიკა

kori

კალათა

nousta / laskea

აფრენა / დაშვება

kaupunki

ქალაქი

kylä

სოფელი

keskusta

ქალაქის ცენტრი

talo

სახლი

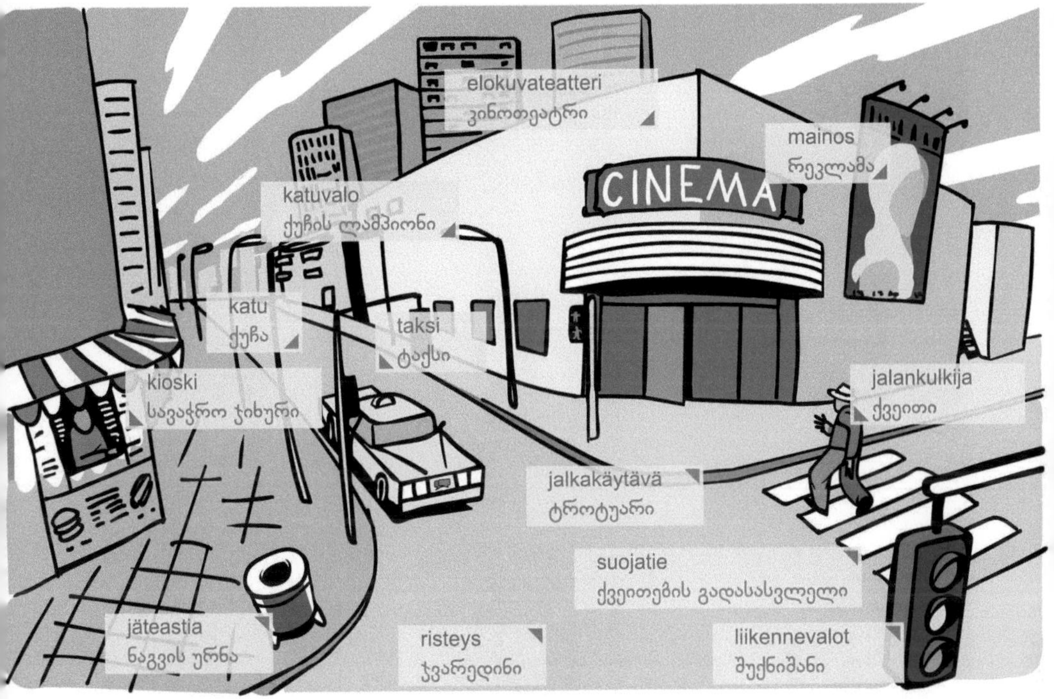

elokuvateatteri
კინოთეატრი
mainos
რეკლამა
katuvalo
ქუჩის ლამპიონი
katu
ქუჩა
taksi
ტაქსი
kioski
სავაჭრო ჯიხური
jalankulkija
ქვეითი
jalkakäytävä
ტროტუარი
suojatie
ქვეითების გადასასვლელი
jäteastia
ნაგვის ურნა
risteys
ჯვარედინი
liikennevalot
შუქნიშანი

mökki

ქოხი

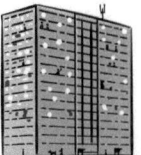

kerrostalo

ბინა

rautatieasema

მატარებლის სადგური

kaupungintalo

მუნიციპალიტეტი

museo

მუზეუმი

koulu

სკოლა

yliopisto
უნივერსიტეტი

pankki
ბანკი

sairaala
საავადმყოფო

hotelli
სასტუმრო

apteekki
აფთიაქი

toimisto
ოფისი

kirjakauppa
წიგნების მაღაზია

liike
მაღაზია

kukkakauppa
ფლორისტი

supermarketti
სუპერმარკეტი

tori
ბაზარი

tavaratalo
მაღაზიის განყოფილება

kalakauppias
თევზის გამყიდველი

ostoskeskus
სავაჭრო ცენტრი

satama
ნავსადგომი

puisto

პარკი

penkki

გრძელი სკამი

silta

ხიდი

portaat

კიბეები

metro

მიწისქვეშა გადასასვლელი

tunneli

გვირაბი

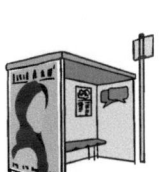

linja-autopysäkki

ავტობუსის გაჩერება

baari

ბარი

ravintola

რესტორანი

postilaatikko

საფოსტო ყუთი

katukyltti

ქუჩის ნიშანი

parkkimittari

პარკინგის საზომი

eläintarha

ზოოპარკი

uimala

საცურაო აუზი

moskeija

მეჩეთი

maatila
ფერმა

ympäristön saastuminen
გარემოს დაბინძურება

hautausmaa
სასაფლაო

kirkko
ეკლესია

leikkikenttä
საბავშვო მოედანი

temppeli
ტაძარი

maisema
ლანდშაფტი

lehti
ფოთოლი

tienviitta
გზის მანიშნებელი ნიშანი

tie
გზა

niitty
მდელო

kivi
ქვა

puu
ხე

retkeilijä
მოგზაური

joki
მდინარე

ruoho
ბალახი

kukka
ყვავილი

laakso

ხეობა

vuori

გორაკი

järvi

ტბა

metsä

ტყე

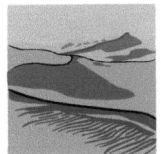

aavikko

უდაბნო

tulivuori

ვულკანი

linna

ციხე

sateenkaari

ცისარტყელა

sieni

სოკო

palmu

პალმა

hyttynen

კოღო

kärpänen

ბუზი

muurahainen

ჭიანჭველა

mehiläinen

ფუტკარი

hämähäkki

ობობა

kovakuoriainen

ხოჭო

sammakko

ბაყაყი

orava

ციყვი

siili

ზღარბი

jänis

კურდღელი

pöllö

ბუ

lintu

ფრინველი

joutsen

გედი

villisika

ტახი

peura

ირემი

hirvi

ცხენ-ირემი

pato

კაშხალი

tuulimylly

ქარის ტურბინა

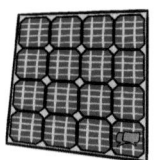

aurinkopaneeli

მზის ბატარეა

ilmasto

კლიმატი

ravintola
რესტორანი

tarjoilija
მიმტანი
ruokalista
მენიუ
tuoli
სკამი
keitto
სუპი
pitsa
პიცა
pöytäliina
მაგიდაზე გადასაფარებელი
ruokailuvälineet
დანა-ჩანგალი

alkuruoka
საუზმე

pääruoka
მთავარი კერძი

jälkiruoka
დესერტი

juomat
დასალევი

ruoka
საჭმელი

pullo
ბოთლი

pikaruoka

სწრაფი კვება

katuruoka

ქუჩის საჭმელი

teekannu

ჩაიდანი

sokeriastia

საშაქრე

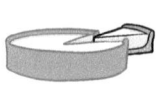

annos

პორცია

espressokeitin

ესპრესოს მანქანა

syöttötuoli

მაღალი სკამი

lasku

ანგარიში

tarjotin

ლანგარი

veitsi

დანა

haarukka

ჩანგალი

lusikka

კოვზი

teelusikka

ჩაის კოვზი

servietti

ხელსახოცი

lasi

ჭიქა

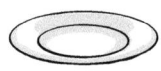

lautanen

თეფში

syvä lautanen

სუპის თეფში

aluslautanen

ჩაის ლამბაქი

kastike

საწებელი

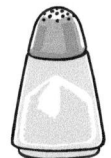

suolasirotin

სამარილე

pippurimylly

წიწაკის საფქვავი

etikka

ძმარი

öljy

ზეთი

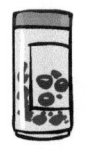

mausteet

სანელებლები

ketsuppi

კეტჩუპი

sinappi

მდოგვი

majoneesi

მაიონეზი

supermarketti
სუპერმარკეტი

tarjous
სპეციალური შეთავაზება
FOR
asiakas
მომხმარებელი
maitotuotteet
რძის ნაწარმი
hedelmät
ხილი
ostoskärryt
ურიკა

teurastamo

საყასბო

leipomo

საცხობი

punnita

აწონვა

kasvikset

ბოსტნეული

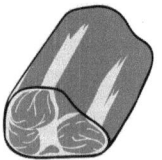

liha

ხორცი

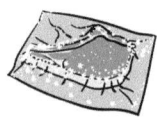

pakasteet

გაყინული საკვები

leikkele

გრილი ხორცი

säilykkeet

კონსერვები

pesujauhe

სარეცხი ფხვნილი

makeiset

ტკბილეული

kotitaloustarvikkeet

საყოფაცხოვრებო
პროდუქტები

puhdistusaineet

სარეცხი საშუალებები

myyjä

გამყიდველი

kassa

სალარო

kassanhoitaja

მოლარე

ostoslista

საყიდლების სია

aukioloajat

მუშაობის საათები

lompakko

პორტმანი

luottokortti

საკრედიტო ბარათი

kassi

ჩანთა

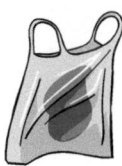

muovipussi

პლასტიკური პარკი

juomat
დასალევი

vesi

წყალი

mehu

წვენი

maito

რძე

kokis

კოკა-კოლა

viini

ღვინო

olut

ლუდი

alkoholi

ალკოჰოლი

kaakao

კაკაო

tee

ჩაი

kahvi

ყავა

espresso

ესპრესო

cappuccino

კაპუჩინო

banana

ბანანი

omena

ვაშლი

appelsiini

ფორთოხალი

meloni

საზამთრო

sitruuna

ლიმონი

porkkana

სტაფილო

valkosipuli

ნიორი

bambu

ბამბუკი

sipuli

ხახვი

sieni

სოკო

pähkinät

კაკალი

spagetti

ატრია

spagetti

სპაგეტი

riisi

ბრინჯი

salaatti

სალათი

ranskalaiset

ჩიპსები

paistetut perunat

შემწვარი კარტოფილი

pitsa

პიცა

hampurilainen

ჰამბურგერი

voileipä

სენდვიჩი

leike

კოტლეტი

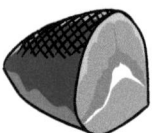

kinkku

ლორი

salami

სალიამი

makkara

ძეხვი

kana

წიწილა

paisti

შემწვარი ხორცი

kala

თევზი

kaurahiutaleet

შვრიის ფაფა

mysli

მუსლი

murot

სიმინდის ფანტელები

jauho

ფქვილი

voisarvi

კრუასანი

sämpylä

ბულკი

leipä

პური

paahtoleipä

ტოსტი

keksit

ნამცხვრები

voi

კარაქი

rahka

ხაჭო

kakku

ტორტი

kananmuna

კვერცხი

paistettu kananmuna

ერბო-კვერცხი

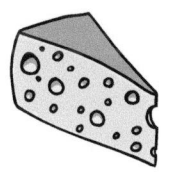

juusto

ყველი

jäätelö

ნაყინი

sokeri

შაქარი

hunaja

თაფლი

hillo

ჯემი

suklaapähkinälevite

შოკოლადის კრემი

curry

კარი

maatila

ფერმა

სოფლის სახლი
heinäpaali
ჩალის შეკვრა
lato; liiteri
თავლა
pelto
ყანა
hevonen
ცხენი
peräkärry
მისაბმელი
traktori
ტრაქტორი
varsa
კვიცი
aasi
ვირი
lammas
ცხვარი
karitsa
ცხვარი

vuohi

თხა

lehmä

ძროხა

vasikka

ხბო

sika

ღორი

porsas

გოჭი

sonni

ხარი

hanhi

ბატი

ankka

იხვი

tipu

წიწილა

kana

ქათამი

kukko

მამალი

rotta

ვირთხა

kissa

კატა

hiiri

თაგვი

härkä

ხარი

koira

ძაღლი

koirankoppi

საძაღლე

puutarhaletku

ბაღის შლანგი

kastelukannu

საბაღე წურწურა

viikate

ცელი

aura

გუთანი

sirppi

ნამგალი

kuokka

თოხი

talikko

პატივის სახვეტი ჩანგალი

kirves

ცული

kottikärryt

მაზიდი

kaukalo

გობი

maitokannu

რძის ბიდონი

säkki

ტომარა

aita

ღობე

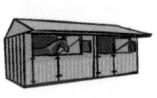

talli

ბოსელი

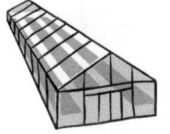

kasvihuone

სათბური

maa

ნიადაგი

siemen

თესლი

lannoite

სასუქი

leikkuupuimuri

მოსავლის ამღები კომბაინი

kerätä sato

მოსავლის აღება

sato

მოსავალი

jamssit

იამი

vehnä

ხორბალი

soija

სოიო

peruna

კარტოფილი

maissi

სიმინდი

rypsi

სარევველას თესლი

hedelmäpuu

ხეხილი

maniokki

მანიოკი

vilja

მარცვლეული

savupiippu
ბუხარი
katto
სახურავი
sadevesikouru
წყალსადინარი მილი
ikkuna
ფანჯარა
ovikello
კარის ზარი
autotalli
ავტოფარეხი
ovi
კარი
roska-astia
ნაგვის ყუთი
postilaatikko
საფოსტო ყუთი
puutarha
ბაღი

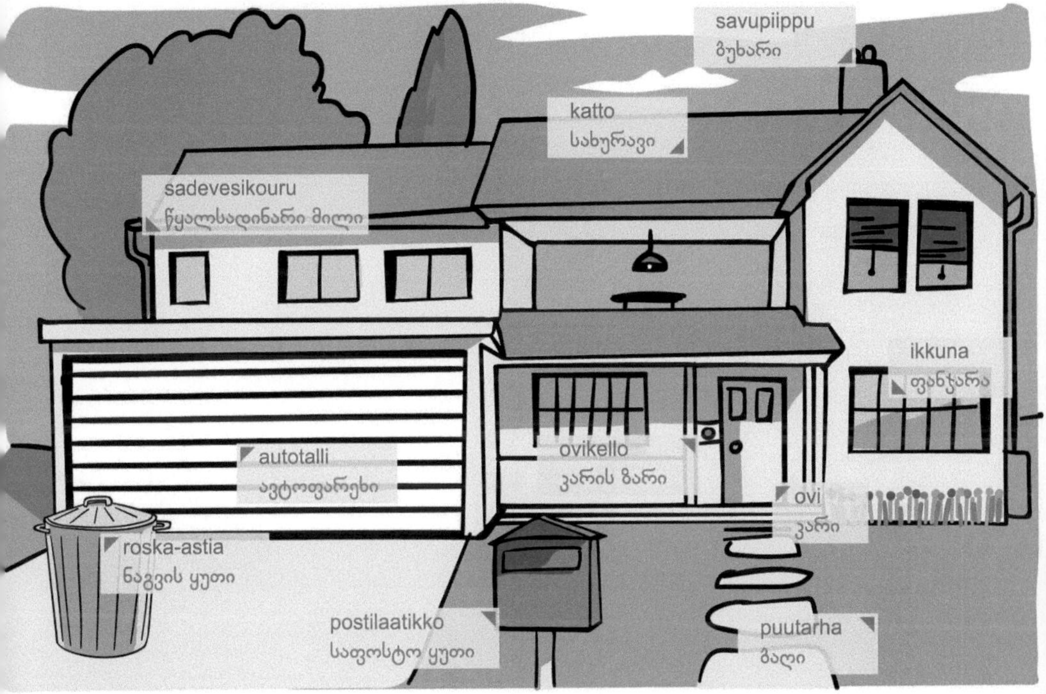

olohuone

მისაღები ოთახი

kylpyhuone

აბაზანა

keittiö

სამზარეულო

makuuhuone

საძინებელი

lastenhuone

საბავშვო ოთახი

ruokahuone

სასადილო ოთახი

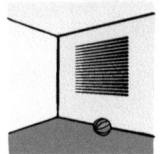

lattia

სართული

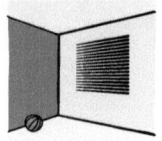

seinä

კედელი

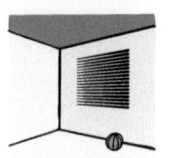

katto

ჭერი

kellari

სარდაფი

sauna

საუნა

parveke

აივანი

terassi

ტერასა

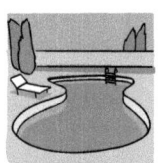

uima-allas

აუზი

ruohonleikkuri

გაზონის საკრეჭი

lakana

საბნის კონვერტი

päiväpeitto

საწოლი

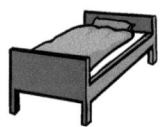

sänky

ლოგინი

harja

ცოცხი

ämpäri

სათლი

katkaisin

გადამრთველი

olohuone
მისაღები ოთახი

tapetti
შპალერი
kuva
ნახატი
lamppu
ნათურა
hylly
თარო
kaappi
კარადა
televisio
ტელევიზორი
takka
ბუხარი
kukka
ყვავილი
tyyny
ბალიში
sohva
დივანი
maljakko
ვაზა
kaukosäädin
დისტანციური მართვა

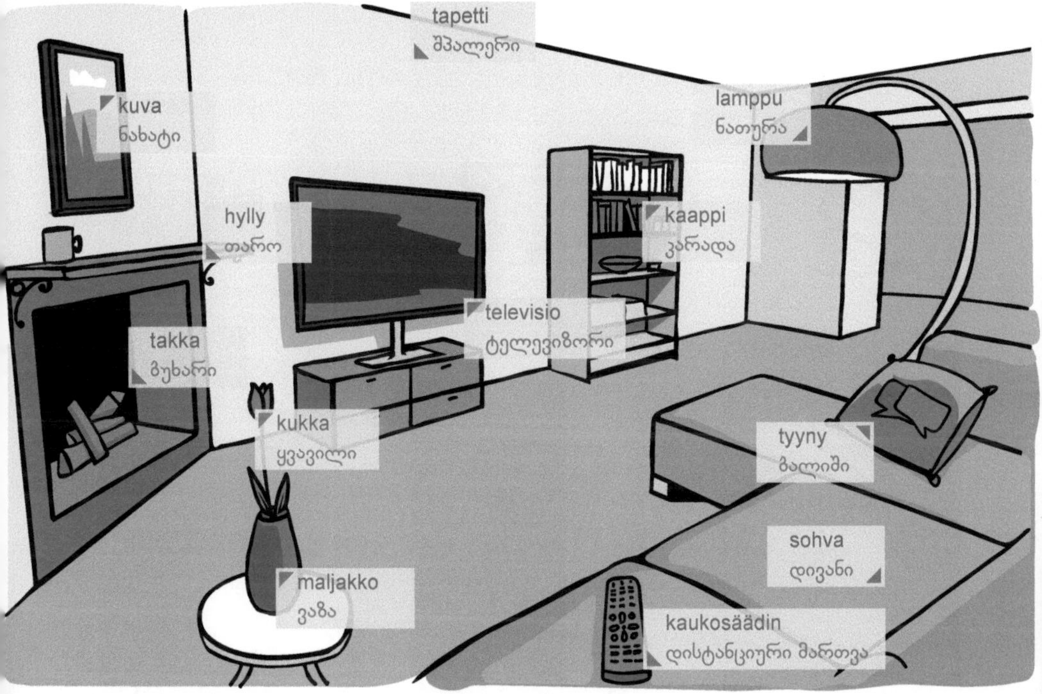

matto

ხალიჩა

verho

ფარდა

pöytä

მაგიდა

tuoli

სკამი

keinutuoli

სარწეველა სკამი

nojatuoli

სავარძელი

kirja

წიგნი

peitto

საბანი

koriste

დეკორაცია

polttopuut

შეშა

elokuva

ფილმი

stereot

hi-fi მოწყობილობები

avain

გასაღები

sanomalehti

გაზეთი

maalaus

ფერწერა

juliste

პლაკატი

radio

რადიო

muistivihko

ბლოკნოტი

pölynimuri

მტვერსასრუტი

kaktus

კაქტუსი

kynttilä

სანთელი

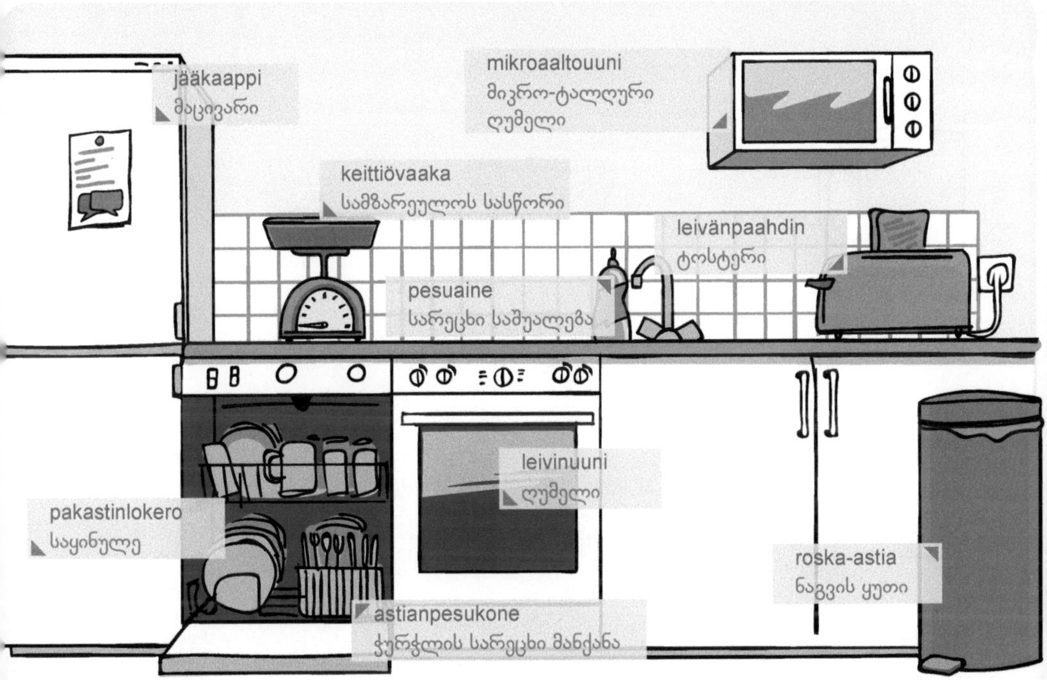

jääkaappi
მაცივარი
mikroaaltouuni
მიკრო-ტალღური ღუმელი
keittiövaaka
სამზარეულოს სასწორი
leivänpaahdin
ტოსტერი
pesuaine
სარეცხი საშუალება
leivinuuni
ღუმელი
pakastinlokero
საყინულე
roska-astia
ნაგვის ყუთი
astianpesukone
ჭურჭლის სარეცხი მანქანა

liesi
....
გაზქურა

kattila
....
ქოთანი

rautapata
....
თუჯის ქვაბი

vokkipannu / kadai-pannu
....
ტაფა ამოზერილი ფსკერით

paistinpannu
....
ტაფა

teepannu
....
ჩაიდანი

keittiö - სამზარეულო 35

höyrykeitin

ორთქლსახარში

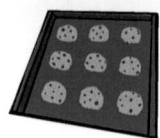

uunipelti

საცხობი ლანგარი

astiat

ჭურჭელი

muki

კათხა

kulho

თასი

syömäpuikot

ჩინური ჩხირები

kauha

ჩამჩა

paistinlasta

ფითხი

vispilä

სათქვეფელა

siivilä

საწური

siivilä

საცერი

raastin

სახეხი

mortteli

სანაყი

grilli

გრილი

avotuli

კოცონი

leikkuulauta

დაფა

kaulin

საგორავი

korkinavaaja

ბურღი

purkki

ქილა

purkinavaaja

ქილის გასახსნელი

pannulappu

ქოთნის დამჭერი

lavuaari

ნიჟარა

tiskiharja

ფუნჯი

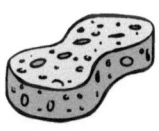

pesusieni

ღრუბელი

tehosekoitin

ბლენდერი

pakastin

საყინულე კამერა

tuttipullo

საბავშვო ბოთლი

vesihana

ონკანი

kylpyhuone
აბაზანა

lämmitys
გათბობა
pyyhe
პირსახოცი
suihku
შხაპი
suihkuverho
საშხაპე ფარდა
vaahtokylpy
ღრუბლიანი აბანო
kylpyamme
ვანა
lasi
ჭიქა
pesukone
სარეცხი მანქანა
vesihana
ონკანი
kaakelit
ფილები
potta
ღამის ქოთანი
lavuaari
ნიჟარა

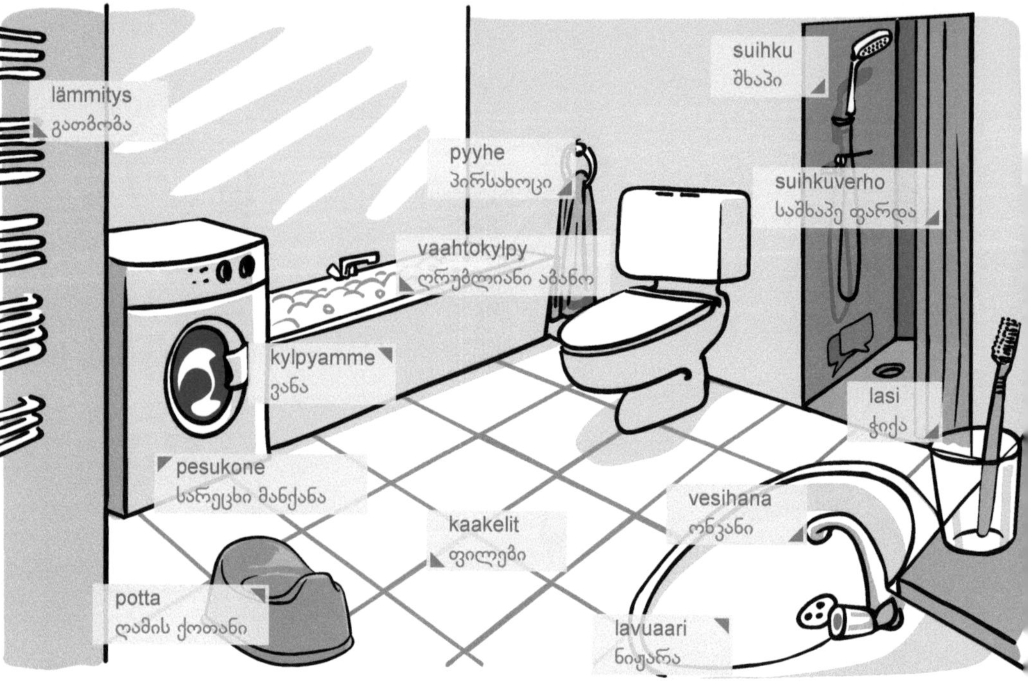

vessa
ტუალეტი

kyykkyvessa
იატაკის ტუალეტი

bidee
ბიდე

pisuaari
კედლის პისუარი

vessapaperi
ტუალეტის ქაღალდი

vessaharja
ტუალეტის ჯაგრისი

hammasharja

კბილის ჯაგრისი

hammastahna

კბილის პასტა

hammaslanka

კბილის ძაფი

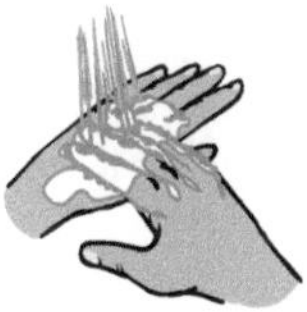

pestä

რეცხვა

käsisuihku

ხელის შხაპი

intiimisuihku

ინტიმური შხაპი

pesuvati

ტაშტი

selkäharja

ზურგის სახეხი ფუნჯი

saippua

საპონი

suihkugeeli

შხაპის გელი

shampoo

შამპუნი

pesulappu

ნეჭა

viemäri

სანიაღვრე

voide

კრემი

deodorantti

დეოდორანტი

peili

სარკე

käsipeili

ხელის სარკე

partaveitsi

ბრიტვა

partavaahto

საპარსი ქაფი

partavesi

საშუალება გაპარსვის შემდეგ

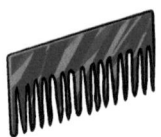

kampa

სავარცხელი

harja

ჯაგრისი

hiustenkuivaaja

თმის საშრობი

hiuslakka

თმის ლაქი

meikki

კოსმეტიკა

huulipuna

ტუჩების პომადა

kynsilakka

ფრჩხილის ლაქი

pumpuli

ბამბა

kynsisakset

ფრჩხილის მაკრატელი

hajuvesi

სუნამო

kosmetiikkalaukku

კოსმეტიკის ჩანთა

jakkara

ტაბურეტი

vaaka

სასწორი

kylpytakki

საამბაზანო ხალათი

kumihansikkaat

რეზინის ხელთათმანები

tamponi

ტამპონი

terveysside

სანიტარული პირსახოცი

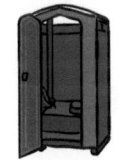

kemiallinen wc

ბიო-ტუალეტი

lastenhuone

საბავშვო ოთახი

herätyskello
მაღვიძარა
pehmolelu
რბილი სათამაშო
leikkiauto
სათამაშო მანქანა
helistin
ჩხარუნა სათამაშო
nukkekoti
თოჯინების სახლი
lahja
საჩუქარი

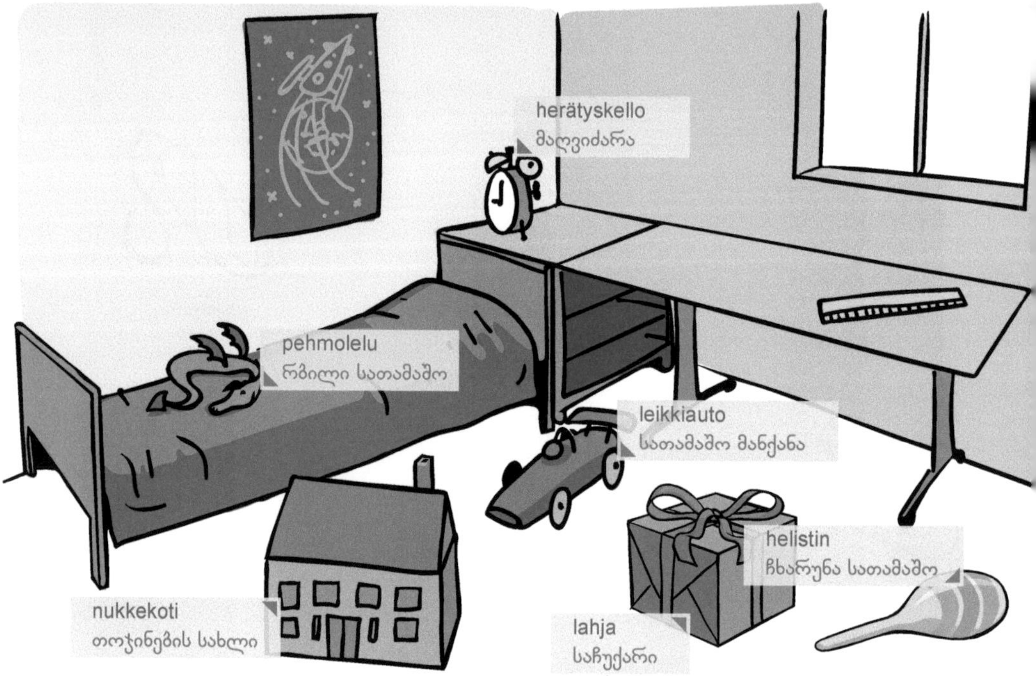

ilmapallo

ბუშტი

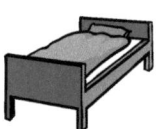

sänky

ლოგინი

lastenvaunut

საბავშვო ეტლი

korttipeli

კარტის თამაში

palapeli

პაზლი

sarjakuva

კომიკსი

legopalikat

ლეგოს აგურები

rakennuspalikat

ასაშენებელი კუბიკები

supersankari

სათამაშო ფიგურა

potkupuku

საცოცავი

frisbee

ფრისბი

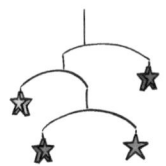

mobile

მობილე

lautapeli

სამაგიდო თამაში

noppa

კამათელი

pienoisjunarata

რკინიგზის მოდელი

tutti

საწოვარა

juhlat

წვეულება

kuvakirja

წიგნი ნახატებით

pallo

ბურთი

nukke

თოჯინა

leikkiä

თამაში

hiekkalaatikko

საქვიშარი

keinu

საქანელა

lelut

სათამაშოები

pelikonsoli

ვიდეო თამაშის კონსოლი

kolmipyörä

სამთვლიანი ველოსიპედი

nalle

დათუნია

vaatekaappi

გარდერობი

vaatteet
ტანსაცმელი

sukat

წინდები

nylonsukat

ჩულქები

sukkahousut

კოლგოტები

kaulaliina
შარფი

sateenvarjo
ქოლგა

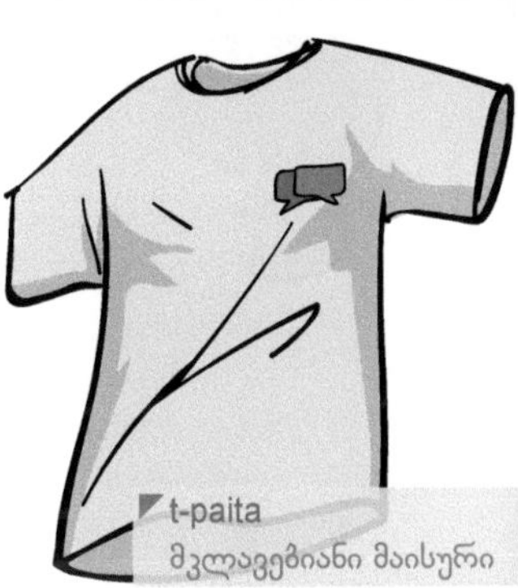

t-paita
მკლავებიანი მაისური

vyö
ქამარი

saappaat
ფეხსაცმელი

lenkkarit
ბოტასები

sisätossut
ჩუსტები

sandaalit

სანდლები

kengät

ფეხსაცმელი

kumisaappaat

რეზინის ჩექმები

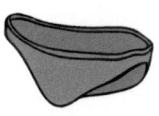

alushousut

ტრუსები

rintaliivit

ბიუსჰალტერი

aluspaita

მაისური

body

სხეული

housut

შარვალი

farkut

ჯინსი

hame

ქვედაკაბა

pusero

ბლუზი

paita

პერანგი

villapaita

სვიტრი

collegepaita

კაპიუშონიანი ჟაკეტი

jakku

სპორტული ქურთუკი

takki

ჟაკეტი

takki

პალტო

sadetakki

საწვიმარი

puku

კოსტუმი

mekko

კაბა

hääpuku

საქორწილო კაბა

puku

....

კაცის კოსტიუმი

yöpaita

....

ღამის პერანგი

pyjama

....

პიჟამოები

shari

....

სარი

päähuivi

....

თავშალი

turbaani

....

ტურბანი

burka

....

ჩადრი

kaftaani

....

ხიფთანი

abaya

....

აბაია

uimapuku

....

საცურაო კოსტუმი

uimahousut

....

ჩემოდნები

shortsit

....

შორტები

verkkarit

....

სპორტული კოსტიუმი

esiliina

....

წინსაფარი

käsineet

....

ხელთათმანები

nappi

ღილი

silmälasit

სათვალეები

rannekoru

სამაჯური

kaulakoru

ყელსაბამი

sormus

ბეჭედი

korvakoru

საყურე

lippalakki

კეპი

ripustin

საკიდი

hattu

ქუდი

solmio

ჰალსტუხი

vetoketju

ელვა-შესაკრავის შეკვრა

kypärä

ჩაფხუტი

henkselit

აჭიმი

koulupuku

სკოლის ფორმა

univormu

ფორმა

ruokalappu

გავშვის წინსაფარი

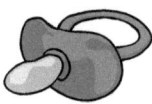

tutti

საწოვარა

vaippa

პამპერსი

toimisto

ოფისი

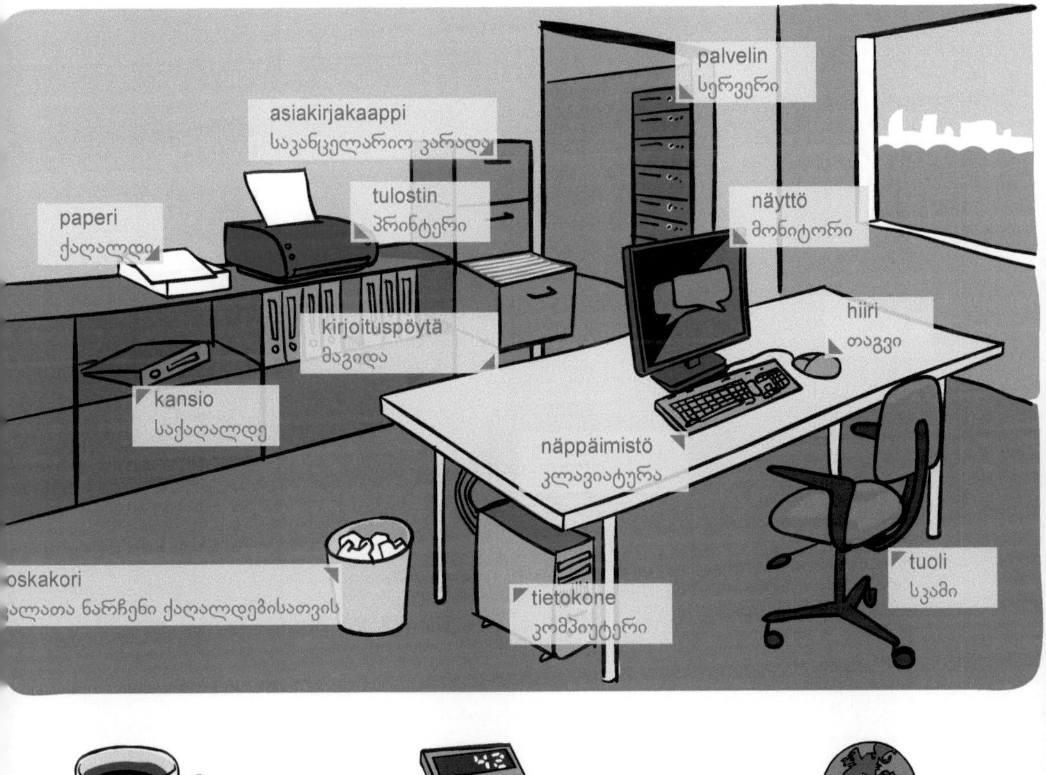

palvelin
სერვერი
asiakirjakaappi
საკანცელარიო კარადა
tulostin
პრინტერი
paperi
ქაღალდი
näyttö
მონიტორი
hiiri
თაგვი
kirjoituspöytä
მაგიდა
kansio
საქაღალდე
näppäimistö
კლავიატურა
oskakori
ალათა ნარჩენი ქაღალდებისათვის
tuoli
სკამი
tietokone
კომპიუტერი

kahvimuki

ყავის ფინჯანი

taskulaskin

კალკულატორი

internet

ინტერნეტი

kannettava tietokone

ლეპტოპი

kirje

წერილი

viesti

მესიჯი

kännykkä

მობილური ტელეფონი

verkko

ქსელი

kopiokone

სკანერი

ohjelmisto

პროგრამული
უზრუნველყოფა

puhelin

ტელეფონი

pistorasia

როზეტი

faksi

ფაქსის მანქანა

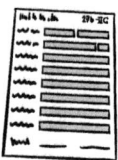

lomake

ფორმულარი

asiakirja

დოკუმენტი

ostaa

ყიდვა

maksaa

გადახდა

vaihtaa

ვაჭრობა

raha

ფული

dollari

დოლარი

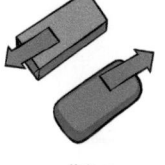

euro

ევრო

jeni

იენი

rupla

რუბლი

frangi

შვეიცარული ფრანკი

renminbi juan

ჟენმინბი იუანი

rupia

რუპი

pankkiautomaatti

ბანკომატი

rahanvaihto

ვალუტის გადაცვლის პუნქტი

kulta

ოქრო

hopea

ვერცხლი

öljy

ნავთობი

energia

ენერგია

hinta

ფასი

sopimus

ხელშეკრულება

vero

გადასახადი

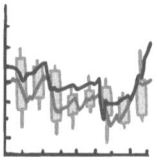

osake

აქცია

työskennellä

მუშაობა

työntekijä

თანამშრომელი

työnantaja

დამსაქმებელი

tehdas

ქარხანა

liike

მაღაზია

ammatit

პროფესიები

poliisi
პოლიციის ოფიცერი
palomies
მეხანძრე
kokki
მზარეული
lääkäri
ექიმი
lentäjä
მფრინავი

puutarhuri
მებაღე

puuseppä
დურგალი

ompelija
თეთრეულის მკერავი ქალბატონი

tuomari
მოსამართლე

kemisti
ქიმიკოსი

näyttelijä
მსახიობი

linja-autonkuljettaja

ავტობუსის მძღოლი

taksinkuljettaja

ტაქსის მძღოლი

kalastaja

მეთევზე

siivooja

დამლაგებელი ქალბატონი

katontekijä

სახურავის ოსტატი

tarjoilija

მიმტანი

metsästäjä

მონადირე

maalari

ფერმწერი

leipuri

მცხობელი

sähköasentaja

ელექტრიკოსი

rakentaja

მშენებელი

insinööri

ინჟინერი

teurastaja

ყასაბი

putkiasentaja

სანტექნიკოსი

postinjakaja

ფოსტალიონი

ammatit - პროფესიები

sotilas

ჯარისკაცი

arkkitehti

არქიტექტორი

kassanhoitaja

მოლარე

floristi

ფლორისტი

kampaaja

პარიკმახერი

konduktööri

კონდუქტორი

mekaanikko

მექანიკოსი

kapteeni

კაპიტანი

hammaslääkäri

სტომატოლოგი

tiedemies

მეცნიერი

rabbi

რაბინი

imaami

იმამი

munkki

ბერი

pappi

სასულიერო პირი

työkalut

იარაღები

vasara
ჩაქუჩი
pihdit
გრტყელტუჩა
ruuvimeisseli
სახრახნისი
jakoavain
ქანჩის გასაღები
taskulamppu
ჯიბის სანათი

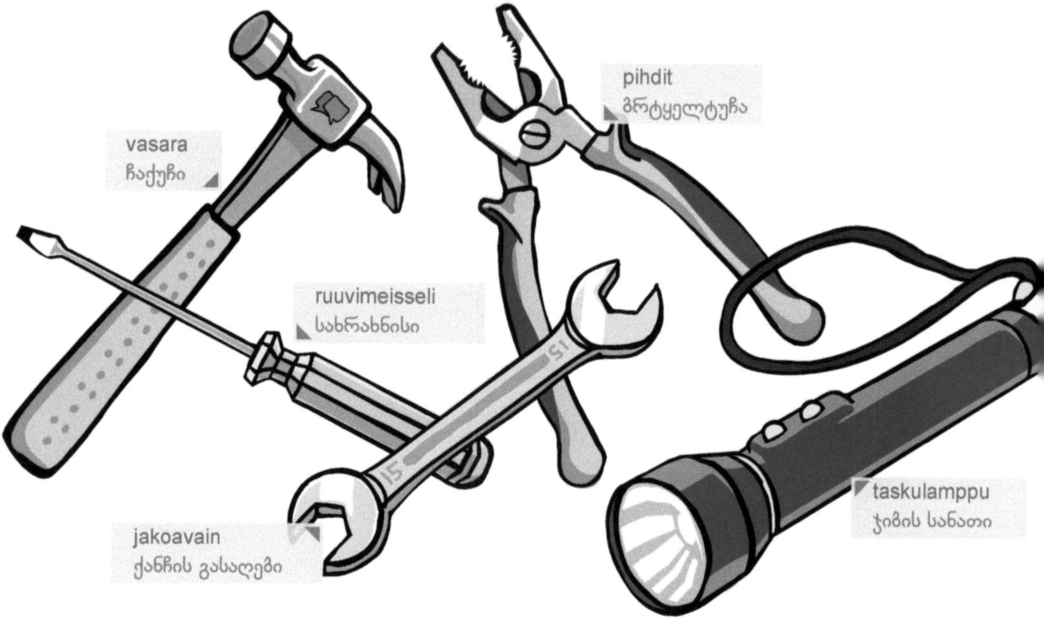

kaivinkone

ექსკავატორი

työkalupakki

იარაღების ყუთი

tikkaat

კიბე

saha

ხერხი

naulat

ლურსმები

pora

საბურღი

korjata

შეკეთება

lapio

ნიჩაბი

Hitto!

ანდაბა!

rikkalapio

აქანდაზი

maalipurkki

საღებავის ქოთანი

ruuvit

ხრახნები

soittimet

მუსიკალური ინსტრუმენტები

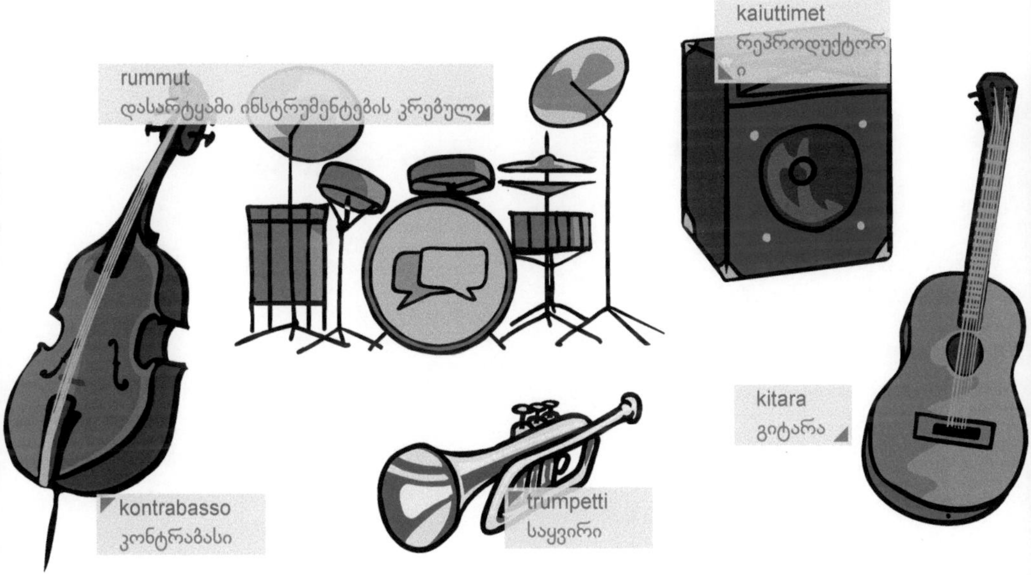

kaiuttimet
რეპროდუქტორი
rummut
დასარტყამი ინსტრუმენტების კრებული
kitara
გიტარა
kontrabasso
კონტრაბასი
trumpetti
საყვირი

soittimet - მუსიკალური ინსტრუმენტები 57

piano

ფორტეპიანო

viulu

ვიოლინო

basso

ბასი

patarummut

ტიმპანონი

rumpu

დასარტყამები

kosketinsoitin

კლავიშები

saksofoni

საქსოფონი

huilu

ფლეიტა

mikrofoni

მიკროფონი

eläintarha
ზოოპარკი

tiikeri
ვეფხვი
häkki
გალია
seepra
ზებრა
eläinten ruoka
ცხოველთა საკვები
panda
პანდა
sisäänkäynti
შესასვლელი

eläimet

ცხოველები

norsu

სპილო

kenguru

კენგურუ

sarvikuono

მარტორქა

gorilla

გორილა

karhu

დათვი

kameli

აქლემი

strutsi

სირაქლემა

leijona

ლომი

apina

მაიმუნი

flamingo

ფლამინგო

papukaija

თუთიყუში

jääkarhu

პოლარული დათვი

pingviini

პინგვინი

hai

ზვიგენი

riikinkukko

ფარშევანგი

käärme

გველი

krokotiili

ნიანგი

eläintarhanhoitaja

ზოოპარკის მფლობელი

hylje

სელაპი

jaguaari

იაგუარი

poni

პონი

leopardi

ლეოპარდი

virtahepo

ბეჰემოტი

kirahvi

ჟირაფი

kotka

არწივი

villisika

ტახი

kala

თევზი

kilpikonna

კუ

mursu

მორჟი

kettu

მელა

gaselli

გაზელი

urheilu
სპორტი

amerikkalainen jalkapallo
ამერიკული ფეხბურთი
pyöräily
ველოსპორტი
tennis
ჩოგბურთი
koripallo
კალათბურთი
uinti
ცურვა
nyrkkeily
კრივი
jääkiekko
ყინულის ჰოკეი

jalkapallo
ფეხბურთი

sulkapallo
ბადმინტონი

yleisurheilu
მძლეოსნობა

käsipallo
ხელბურთი

hiihto
სათხილამურო სპორტი

poolo
წყლის პოლო

hypätä
გადახტომა

nauraa
დაცინვა

halata
ჩახუტება

kävellä
სეირნობა

laulaa
სიმღერა

unelmoida
ოცნებობა

rukoilla
ლოცვა

suudella
კოცნა

kirjoittaa

წერა

piirtää

დახატვა

näyttää

ჩვენება

painaa

დაჭერა

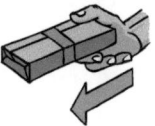

antaa

მიცემა

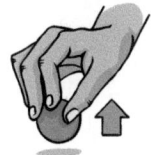

ottaa

აღება

omistaa

ქონა

tehdä

კეთება

olla

ყოფნა

seisoa

დგომა

juosta

გარბენა

vetää

მოქაჩვა

heittää

გადაყრა

kaatua

დაცემა

maata

ტყუილის თქმა

odottaa

მოცდენა

kantaa

ტარება

istua

ჯდომა

pukeutua

ჩაცმა

nukkua

ძილი

herätä

გაღვიძება

katsoa

დათვალიერება

itkeä

ტირილი

silittää

გაუთოება

kammata

დავარცხნა

puhua

ლაპარაკი

ymmärtää

გაგება

kysyä

შეკითხვა

kuunnella

მოსმენა

juoda

დალევა

syödä

ჭამა

siivota

დალაგება

rakastaa

ყვარება

keittää

კერძების მზადება

ajaa

სვლა

lentää

ფრენა

purjehtia

აფრის ქვეშ სიარული

laskea

გამოთვლა

lukea

წაკითხვა

oppia

შესწავლა

työskennellä

მუშაობა

mennä naimisiin

ქორწინება

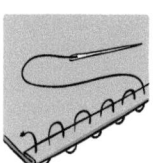

ommella

კერვა

pestä hampaat

კბილების ხეხვა

tappaa

მოკვლა

tupakoida

მოწევა

lähettää

გაგზავნა

perhe

ოჯახი

mummo
ბებია
ukki
ბაბუა
isä
მამა
äiti
დედა
vauva
ბავშვი
tytär
ქალიშვილი
poika
ვაჟიშვილი

vieras

სტუმარი

täti

დეიდა

setä

ბიძა

veli

ძმა

sisko

და

vartalo
სხეული

otsa
შუბლი
silmä
თვალი
olkapää
მხარი
sormet
თითი
kasvot
სახე
leuka
ნიკაპი
käsi
ხელი
jalka
ფეხი
rinta
მკერდი
käsivarsi
მკლავი

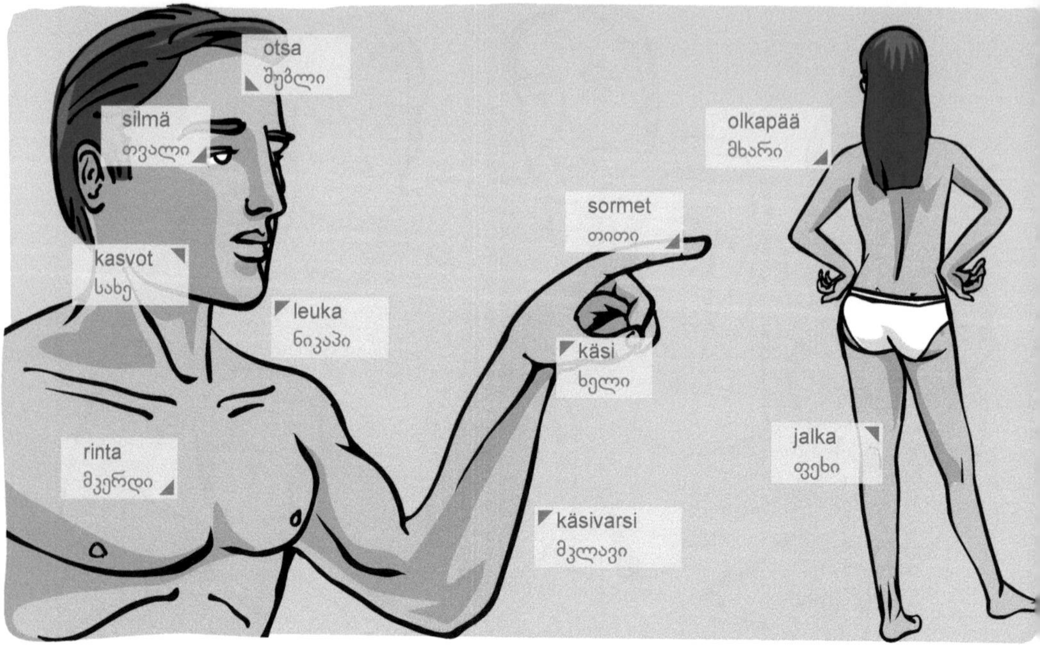

vauva
....
ბავშვი

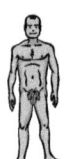

mies
....
კაცი

nainen
....
ქალი

tyttö
....
გოგო

poika
....
ბიჭი

pää
....
თავი

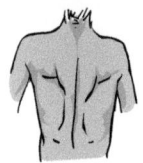

selkä

ზურგი

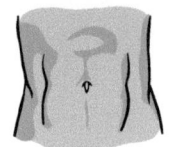

maha

მუცელი

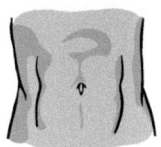

napa

ჭიპი

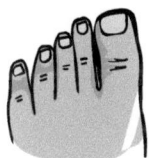

varvas

ფეხის თითი

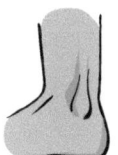

kantapää

ქუსლი

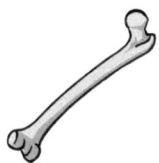

luu

ძვალი

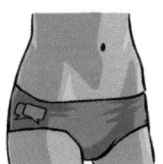

lantio

ბარძაყი

polvi

მუხლი

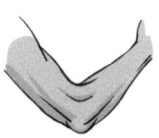

kyynärpää

იდაყვი

nenä

ცხვირი

takapuoli

დუნდულა

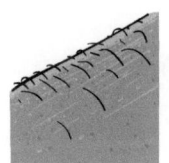

iho

კანი

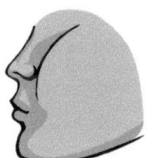

poski

ლოყა

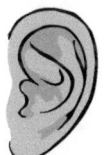

korva

ყური

huuli

ტუჩი

suu

პირი

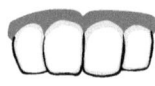

hammas

კბილი

kieli

ენა

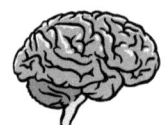

aivot

ტვინი

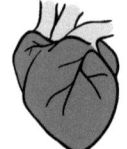

sydän

გული

lihas

კუნთი

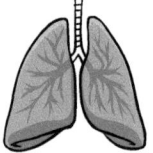

keuhkot

ფილტვი

maksa

ღვიძლი

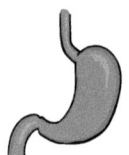

vatsa

კუჭი

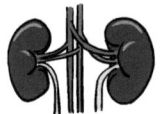

munuaiset

თირკმელები

seksi

სექსი

kondomi

პრეზერვატივი

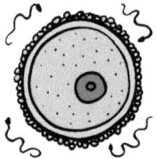

munasolu

კვერცხუჯრედი

sperma

სპერმა

raskaus

ორსულობა

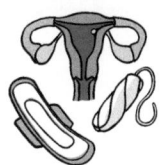

kuukautiset

მენსტრუაცია

vagina

საშო

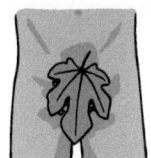

penis

პენისი

kulmakarvat

წარბი

hiukset

თმა

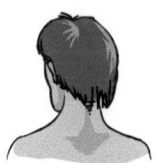

niska

კისერი

sairaala
საავადმყოფო

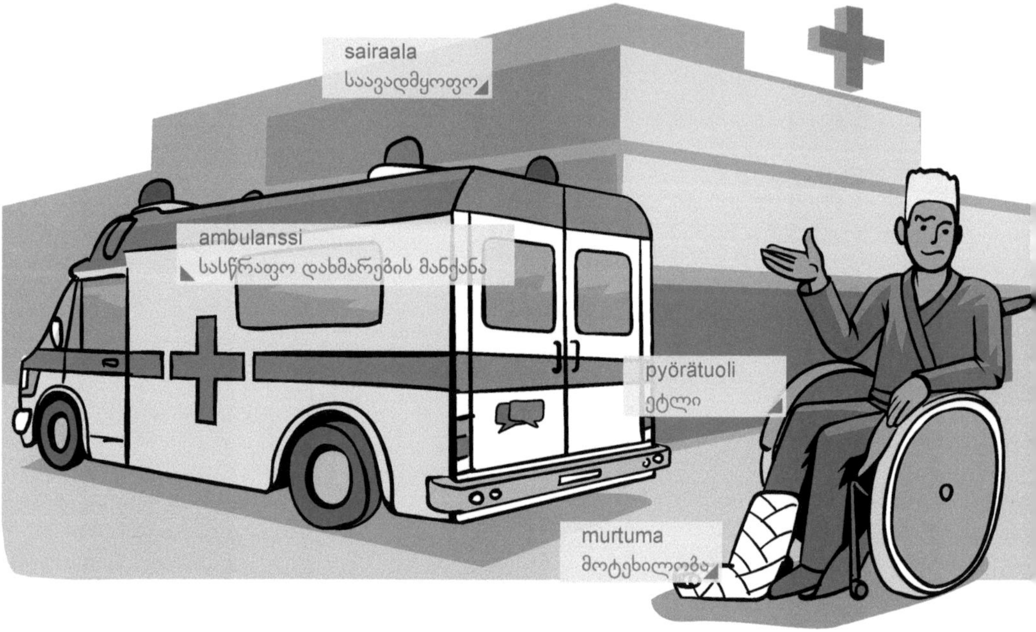

sairaala
საავადმყოფო
ambulanssi
სასწრაფო დახმარების მანქანა
pyörätuoli
ეტლი
murtuma
მოტეხილობა

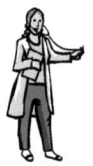

lääkäri

ექიმი

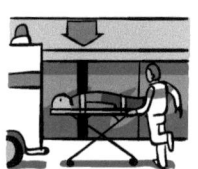

ensiapu

პირველი დახმარების ოთახი

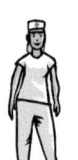

sairaanhoitaja

მედდა

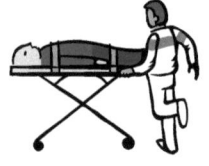

hätätilanne

გადაუდებელი შემთხვევა

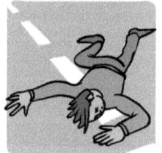

tajuton

უგონოდ მყოფი

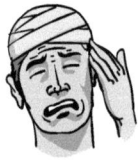

kipu

ტკივილი

vamma

დაზიანება

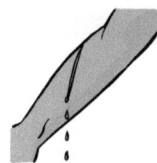

verenvuoto

სისხლდენა

sydänkohtaus

გულის შეტევა

aivoinfarkti

ინსულტი

allergia

ალერგია

yskä

ხველა

kuume

ცხელება

flunssa

გრიპი

ripuli

დიარეა

päänsärky

თავის ტკივილი

syöpä

კიბო

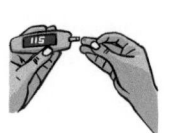

diabetes

დიაბეტი

kirurgi

ქირურგი

veitsi

სკალპელი

leikkaus

ოპერაცია

ct

კტ

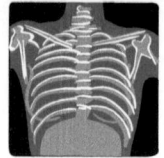

röntgen

რენტგენი

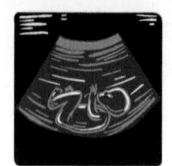

ultraääni

ულტრაბგერა

maski

ნიღაბი

sairaus

დაავადება

odotushuone

მოსაცდელი ოთახი

sauva

ყავარჯენი

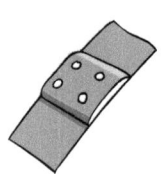

laastari

თაბაშირი

side

ბინტი

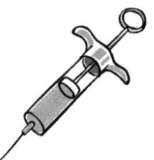

pistos

ინექცია

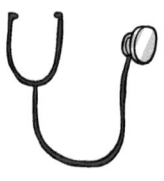

stetoskooppi

სტეტოსკოპი

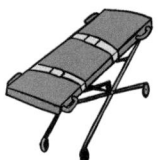

paarit

საკაცე

kuumemittari

თერმომეტრი

syntymä

დაბადება

ylipaino

ჭარბი წონა

74 sairaala - საავადმყოფო

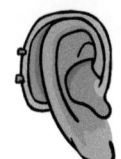

kuulolaite

სმენის აპარატი

desinfiointiaine

სადეზინფექციო საშუალება

infektio

ინფექცია

virus

ვირუსი

HIV / AIDS

აივ / შიდსი

lääke

წამალი

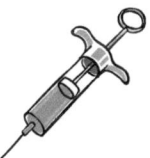

rokotus

ვაქცინაცია

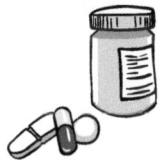

tabletit

ტაბლეტები

pilleri

აბი

hätäpuhelu

გადაუდებელი გამოძახება

verenpainemittari

წნევის საზომი აპარატი

sairas / terve

ავადმყოფი / ჯანმრთელი

hätätilanne

გადაუდებელი შემთხვევა

Apua!

დამეხმარეთ!

hälytys

განგაში

ryöstö

თავდასხმა

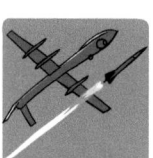

hyökkäys

შეტევა

vaara

საფრთხე

hätäuloskäynti

სათადარიგო გასასვლელი

Tulipalo!

ხანძარი!

palosammutin

ცეცხლსაქრობი

onnettomuus

უბედური შემთხვევა

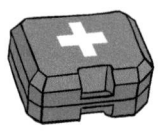

ensiapulaukku

პირველადი დახმარების აფთიაქი

SOS

SOS

poliisilaitos

პოლიცია

Eurooppa

ევროპა

Pohjois-Amerikka

ჩრდილოეთ ამერიკა

Etelä-Amerikka

სამხრეთ ამერიკა

Afrikka

აფრიკა

Aasia

აზია

Australia

ავსტრალია

Atlantin valtameri

ატლანტიკა

Tyynimeri

წყნარი ოკეანე

Intian valtameri

ინდოეთის ოკეანე

Eteläinen jäämeri

ანტარქტიკის ოკეანე

Pohjoinen jäämeri

ჩრდილოეთის ყინულოვანი ოკეანე

pohjoisnapa

ჩრდილოეთ პოლუსი

etelänapa

სამხრეთ პოლუსი

Antarktis

ანტარქტიდა

maa

დედამიწა

maa

ხმელეთი

meri

ზღვა

saari

კუნძული

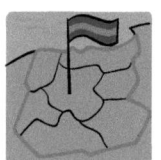

kansa

ერი

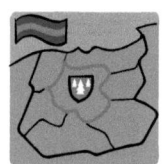

osavaltio

სახელმწიფო

kello
საათი

kellotaulu

ციფერბლატი

tuntiviisari

საათების ისარი

minuuttiviisari

წუთების ისარი

sekuntiviisari

წამების ისარი

Paljonko kello on?

რომელი საათია?

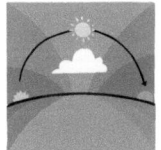

päivä

დღე

aika

დრო

nyt

ახლა

digitaalikello

ციფრული საათი

minuutti

წუთი

tunti

საათი

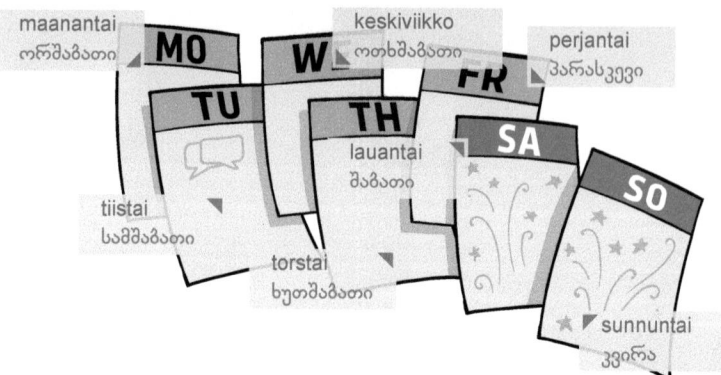

viikko

კვირა

maanantai
ორშაბათი
keskiviikko
ოთხშაბათი
perjantai
პარასკევი
lauantai
შაბათი
tiistai
სამშაბათი
torstai
ხუთშაბათი
sunnuntai

eilen

გუშინ

tänään

დღეს

huomenna

ხვალ

aamu

დილა

keskipäivä

შუადღე

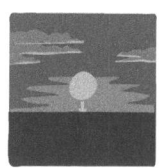

ilta

საღამო

työpäivät

სამუშაო დღეები

viikonloppu

შაბათი-კვირა

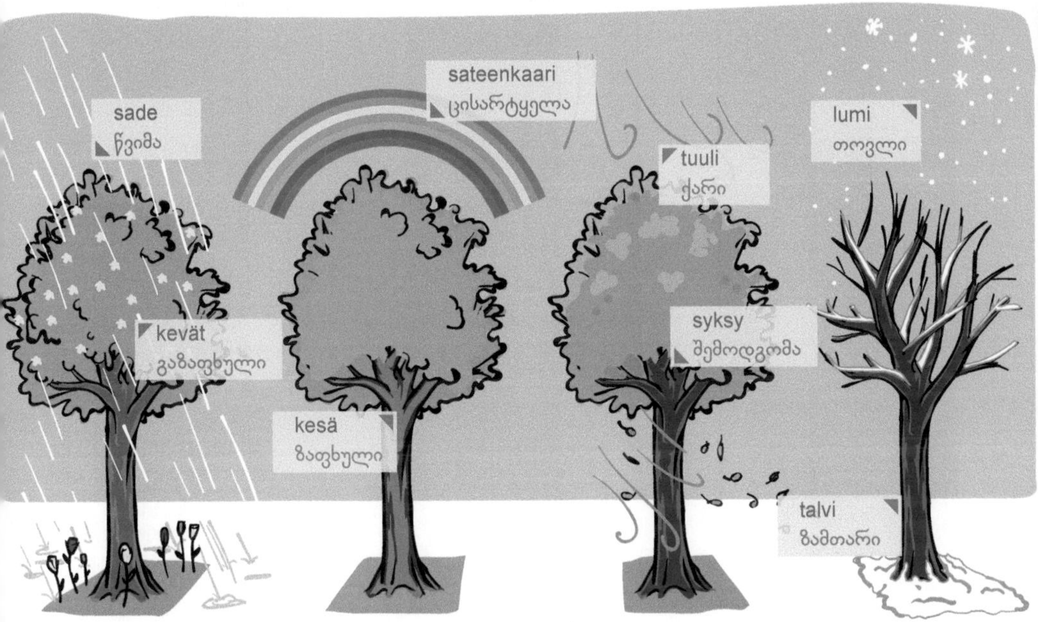

sade
წვიმა
sateenkaari
ცისარტყელა
tuuli
ქარი
lumi
თოვლი
kevät
გაზაფხული
syksy
შემოდგომა
kesä
ზაფხული
talvi
ზამთარი

säänennuste
....
ამინდის პროგნოზი

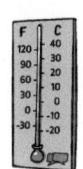

lämpömittari
....
თერმომეტრი

auringonpaiste
....
მზის სხივი

pilvi
....
ღრუბელი

sumu
....
ნისლი

ilmankosteus
....
ტენიანობა

salama

ელვა

ukkonen

ქუხილი

myrsky

შტორმი

rae

სეტყვა

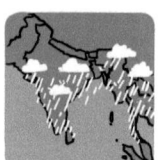

monsuuni

მუსონი

tulva

წყალდიდობა

jää

ყინული

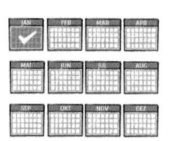

tammikuu

იანვარი

helmikuu

თებერვალი

maaliskuu

მარტი

huhtikuu

აპრილი

toukokuu

მაისი

kesäkuu

ივნისი

heinäkuu

ივლისი

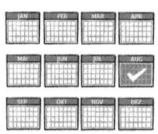

elokuu

აგვისტო

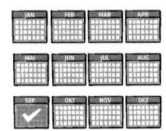

syyskuu

სექტემბერი

lokakuu

ოქტომბერი

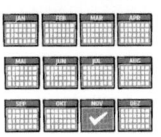

marraskuu

ნოემბერი

joulukuu

დეკემბერი

muodot
ფორმები

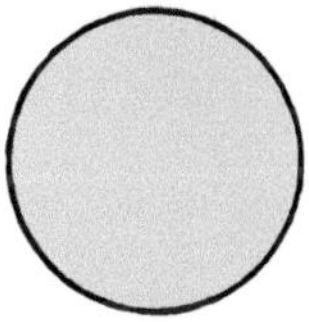

ympyrä

წრე

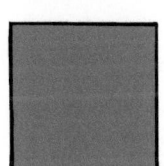

neliö

კვადრატი

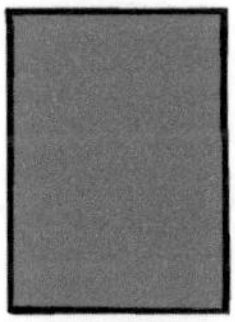

suorakulmio

მართკუთხედი

kolmio

სამკუთხედი

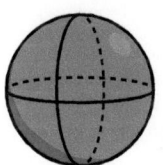

pallo

სფერო

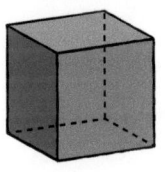

kuutio

კუბი

värit

ფერები

valkoinen

თეთრი

keltainen

ყვითელი

oranssi

ნარინჯისფერი

vaaleanpunainen

ვარდისფერი

punainen

წითელი

violetti

იისფერი

sininen

ცისფერი

vihreä

მწვანე

ruskea

ყავისფერი

harmaa

ნაცრისფერი

musta

შავი

paljon / vähän

ბევრი / ცოტა

vihainen / ystävällinen

გაბრაზებული / მშვიდი

kaunis / ruma

ლამაზი / მახინჯი

alku / loppu

დასაწყისი / დასასრული

suuri / pieni

დიდი / პატარა

vaalea / tumma

ნათელი / მუქი

veli / sisko

ძმა / და

puhdas / likainen

სუფთა / ჭუჭყიანი

täydellinen / epätäydellinen

სრული / არასრული

päivä / yö

დღე / ღამე

kuollut / elävä

მკვდარი / ცოცხალი

leveä / kapea

განიერი / ვიწრო

syötävä / syömäkelvoton

საჭმელად ვარგისი / საჭმელად უვარგისი

paha / kiltti

ბოროტი / კეთილი

innostunut / tylsistynyt

შთამბეჭდავი / მოსაწყენი

lihava / laiha

სქელი / თხელი

ensimmäinen / viimeinen

პირველი / ბოლო

ystävä / vihollinen

მეგობარი / მტერი

täysi / tyhjä

სრული / ცარიელი

kova / pehmeä

მყარი / რბილი

painava / kevyt

მძიმე / მსუბუქი

nälkä / jano

მოშიებული / მწყურვალე

sairas / terve

ავადმყოფი / ჯანმრთელი

laiton / laillinen

არალეგალური / ლეგალური

älykäs / tyhmä

ინტელექტუალი / სულელი

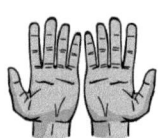

vasen / oikea

მარცხენა / მარჯვენა

lähellä / kaukana

ახლოს / შორს

uusi / käytetty

ახალი / გამოყენებული

ei mitään / jotain

არაფერი / რაღაცა

vanha / nuori

მოხუცი / ახალგაზრდა

päällä / pois päältä

ჩართვა / გამორთვა

auki / kiinni

ღია / დახურული

hiljainen / äänekäs

ჩუმი / ხმამაღალი

rikas / köyhä

მდიდარი / ღარიბი

oikein / väärin

მართალი / მტყვანი

karhea / sileä

უხეში / გლუვი

surullinen / iloinen

სევდიანი / ბედნიერი

lyhyt / pitkä

მოკლე / გრძელი

hidas / nopea

ნელი / სწრაფი

märkä / kuiva

სველი / მშრალი

lämmin / viileä

თბილი / გრილი

sota / rauha

ომი / მშვიდობა

numerot
რიცხვები

0

nolla

ნული

1

yksi

ერთი

2

kaksi

ორი

3

kolme

სამი

4

neljä

ოთხი

5

viisi

ხუთი

6

kuusi

ექვსი

7

seitsemän

შვიდი

8

kahdeksan

რვა

9

yhdeksän

ცხრა

10

kymmenen

ათი

11

yksitoista

თერთმეტი

12

kaksitoista

თორმეტი

13

kolmetoista

ცამეტი

14

neljätoista

თოთხმეტი

15

viisitoista

თხუთმეტი

16

kuusitoista

თექვსმეტი

17

seitsemäntoista

ჩვიდმეტი

18

kahdeksantoista

თვრამეტი

19

yhdeksäntoista

ცხრამეტი

20

kaksikymmentä

ოცი

100

sata

ასი

1.000

tuhat

ათასი

1.000.000

miljoona

მილიონი

kielet

ენები

englanti

ინგლისური

amerikanenglanti

ამერიკული ინგლისური

mandariinikiina

ჩინური მანდარინი

hindi

ჰინდი

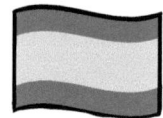

espanja

ესპანური

ranska

ფრანგული

arabia

არაბული

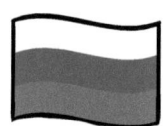

venäjä

რუსული

portugali

პორტუგალიური

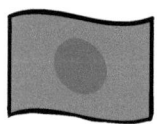

bengali

ბენგალური

saksa

გერმანული

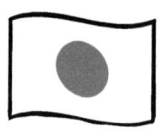

japani

იაპონური

kuka / mitä / miten
ვინ / რა / როგორ

minä

მე

sinä

შენ

hän

ის / ის / იგი

me

ჩვენ

te

თქვენ

he

ისინი

kuka?

ვინ?

mitä / mikä?

რა?

miten?

როგორ?

missä?

სად?

milloin?

როდის?

nimi

სახელი

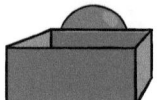

missä
სად

takana

უკან

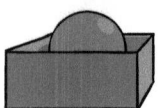

sisällä

შიგნით

edessä

წინ

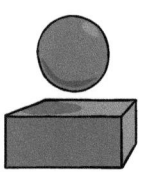

yläpuolella

ზედ

päällä

=-ზე

alapuolella

ქვეშ

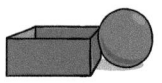

vieressä

გვერდით

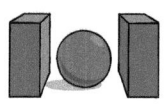

välissä

შორის

paikka

ადგილი